WHALE PUNS COLORING BOOK

BY BETH MICKELSON

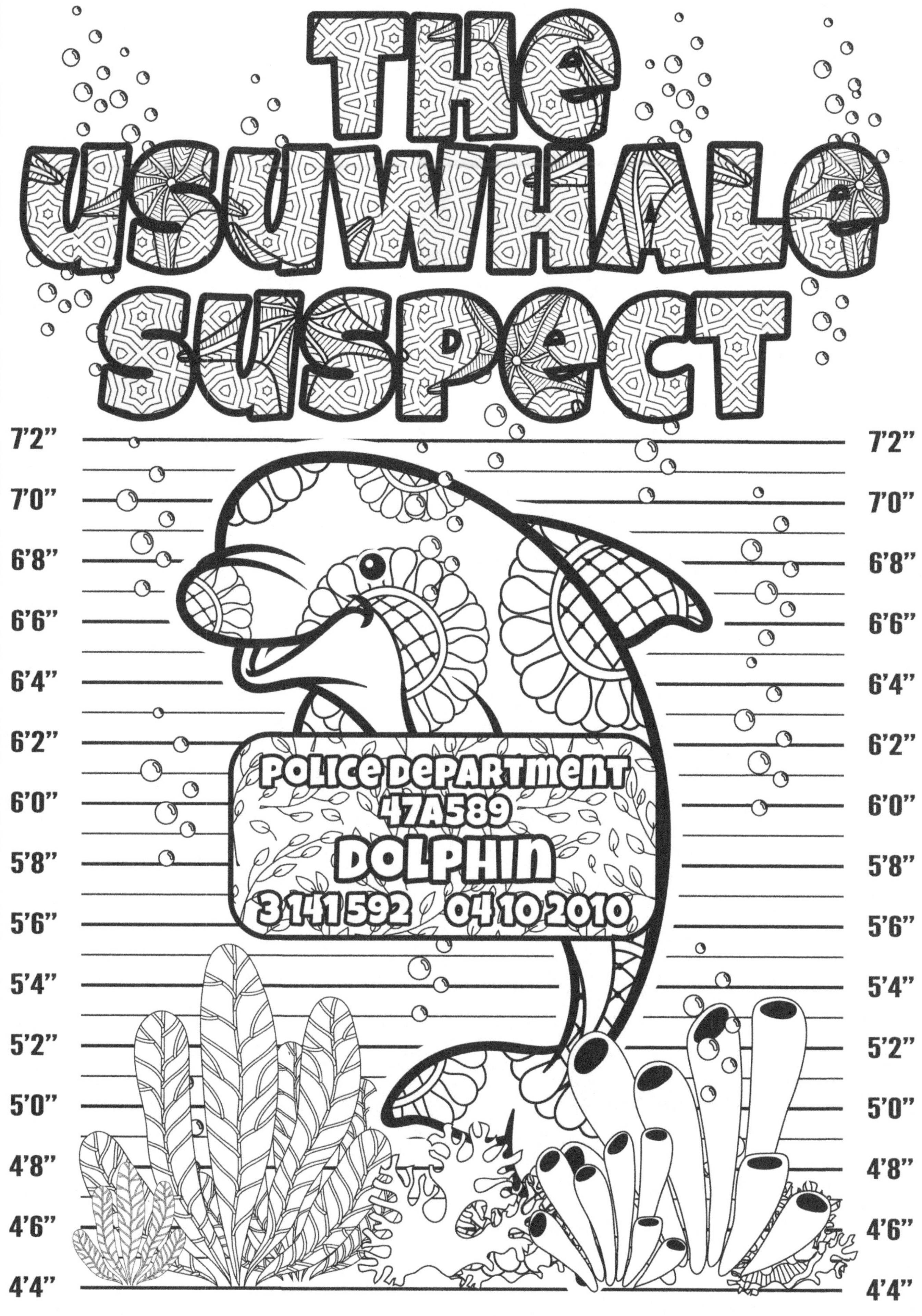
THE USUWHALE SUSPECT
7'2"
7'0"
6'8"
6'6"
6'4"
6'2"
6'0"
5'8"
5'6"
5'4"
5'2"
5'0"
4'8"
4'6"
4'4"
POLICE DEPARTMENT
47A589
DOLPHIN
3 141 592 04 10 2010

FOSSIL
FUWHALE

WHALE
FERRELL

STEERING
WHALE

WE ARE
MUTUWHALE
FRIENDS

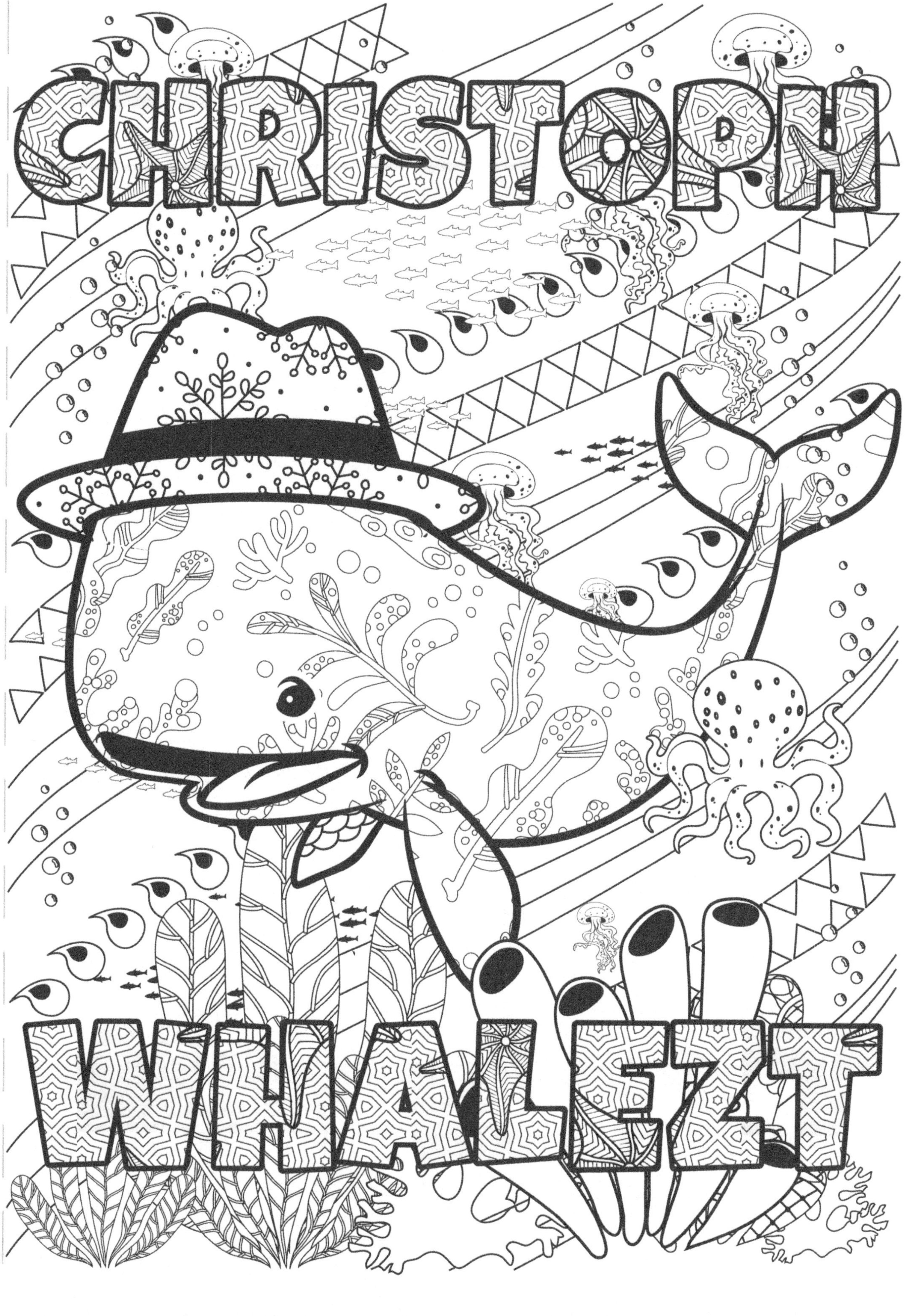
CHRISTOPH
WHALEZT

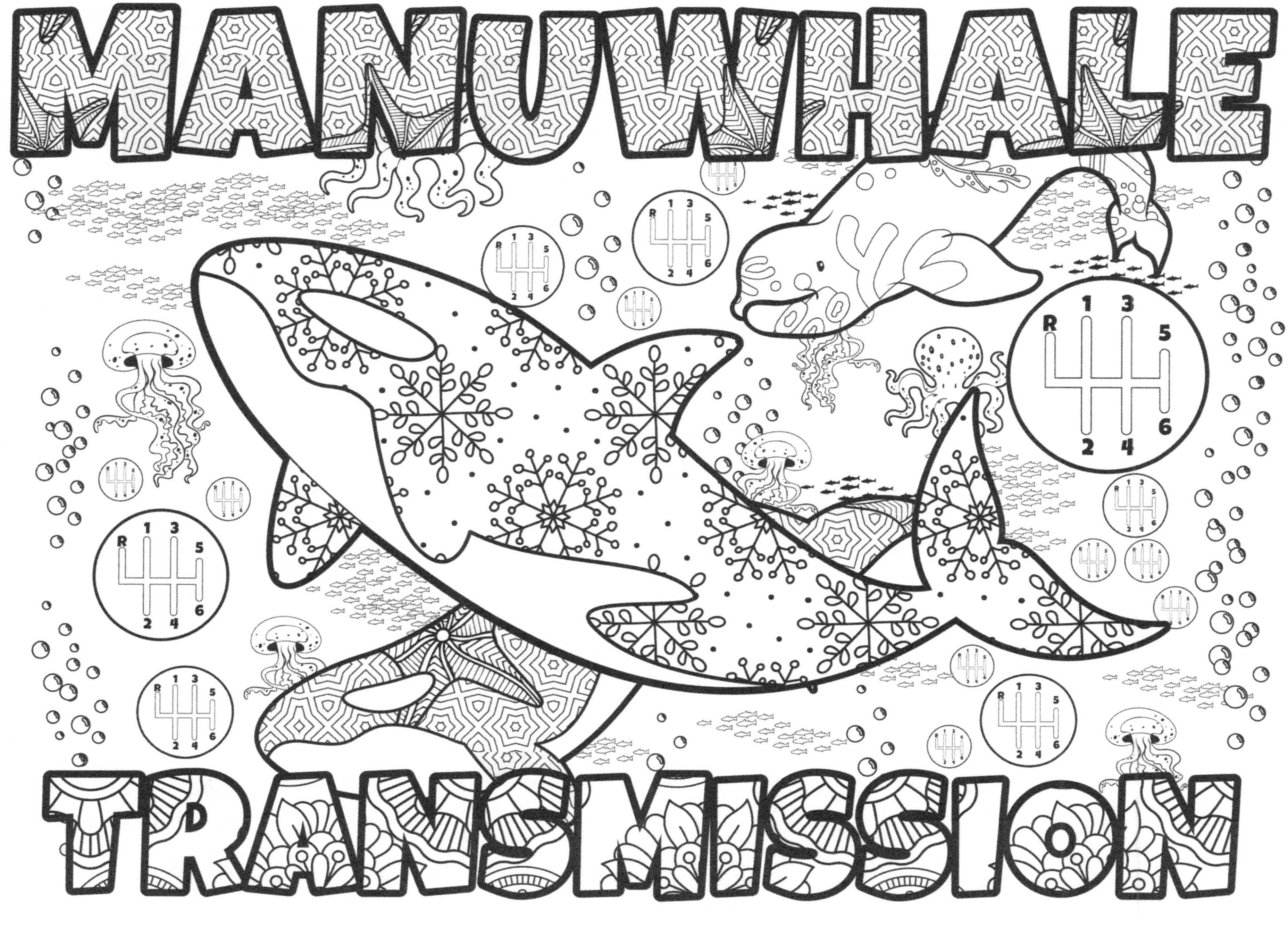
MANUWHALE
TRANSMISSION
R 1 3 5
2 4 6

ALWAYS BE
PUNCTUWHALE
FOR AN
INTERVIEW

I EXPECT YOU
TO BE
PUNCTUWHALE

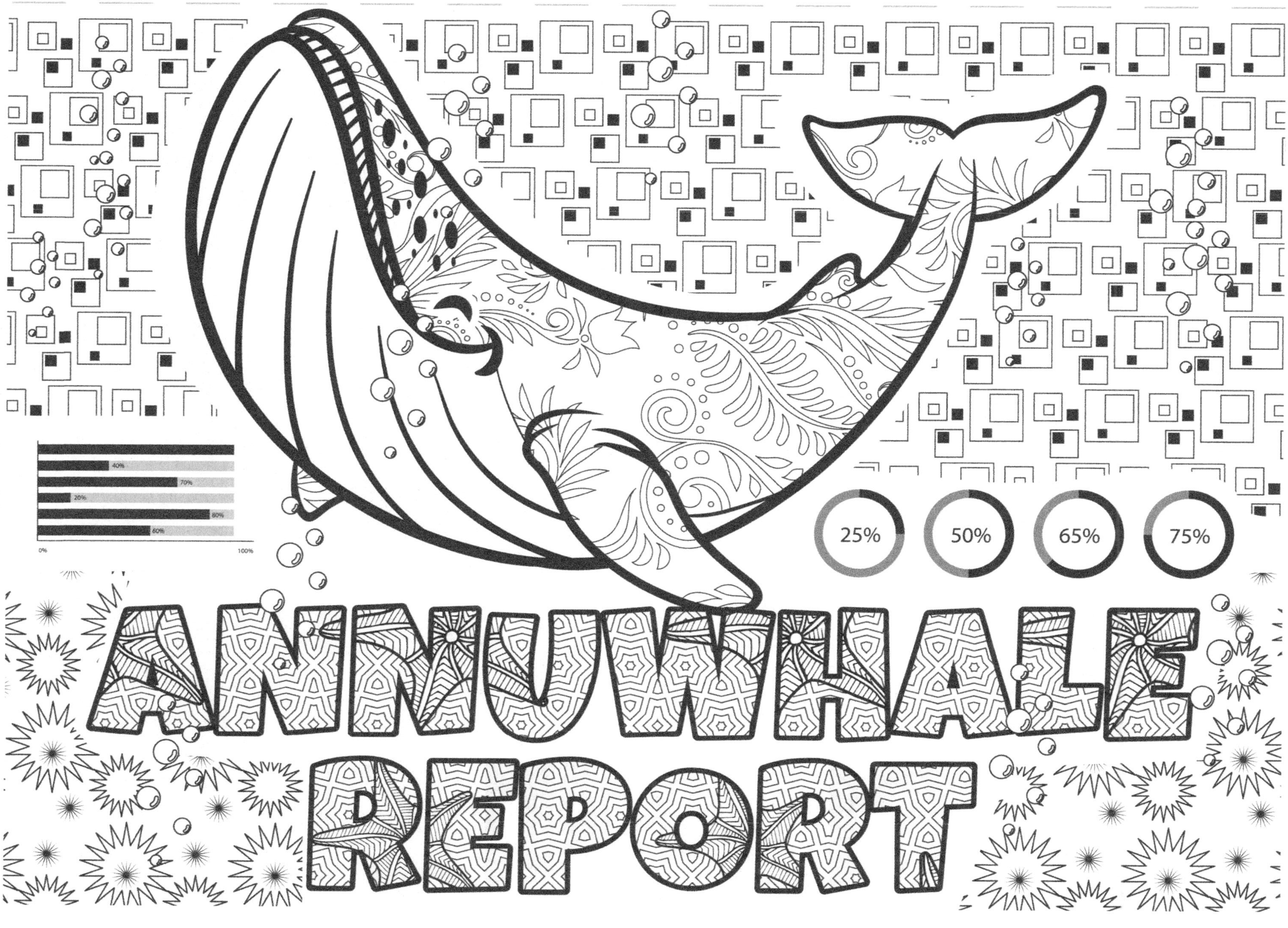
ANNUWHALE
REPORT
25%
50%
65%
75%
40%
70%
20%
80%
60%
0%
100%

BONJOUR
CIAO
HELLO
HOLA
BILINGUWHALE

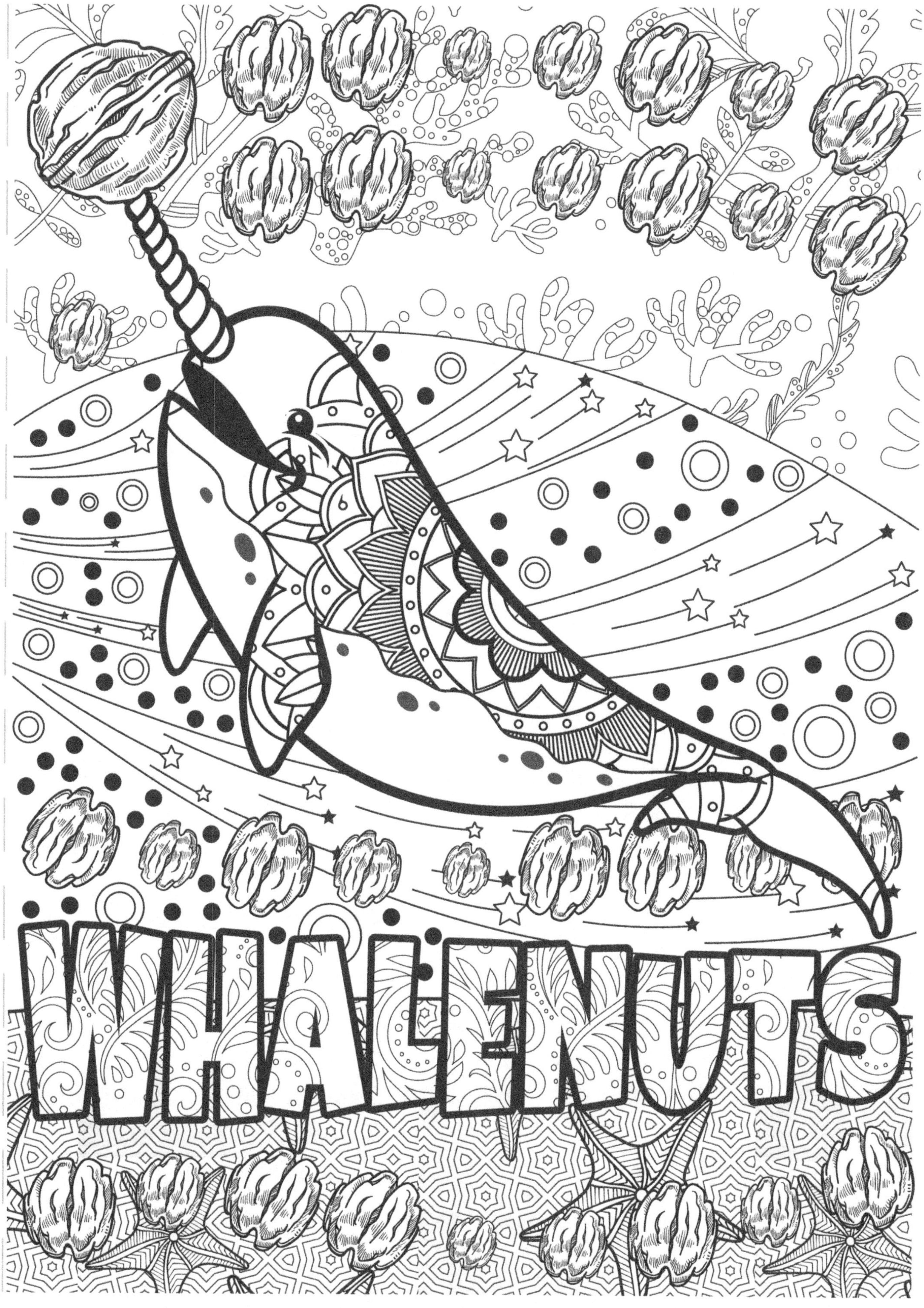
WHALENUTS

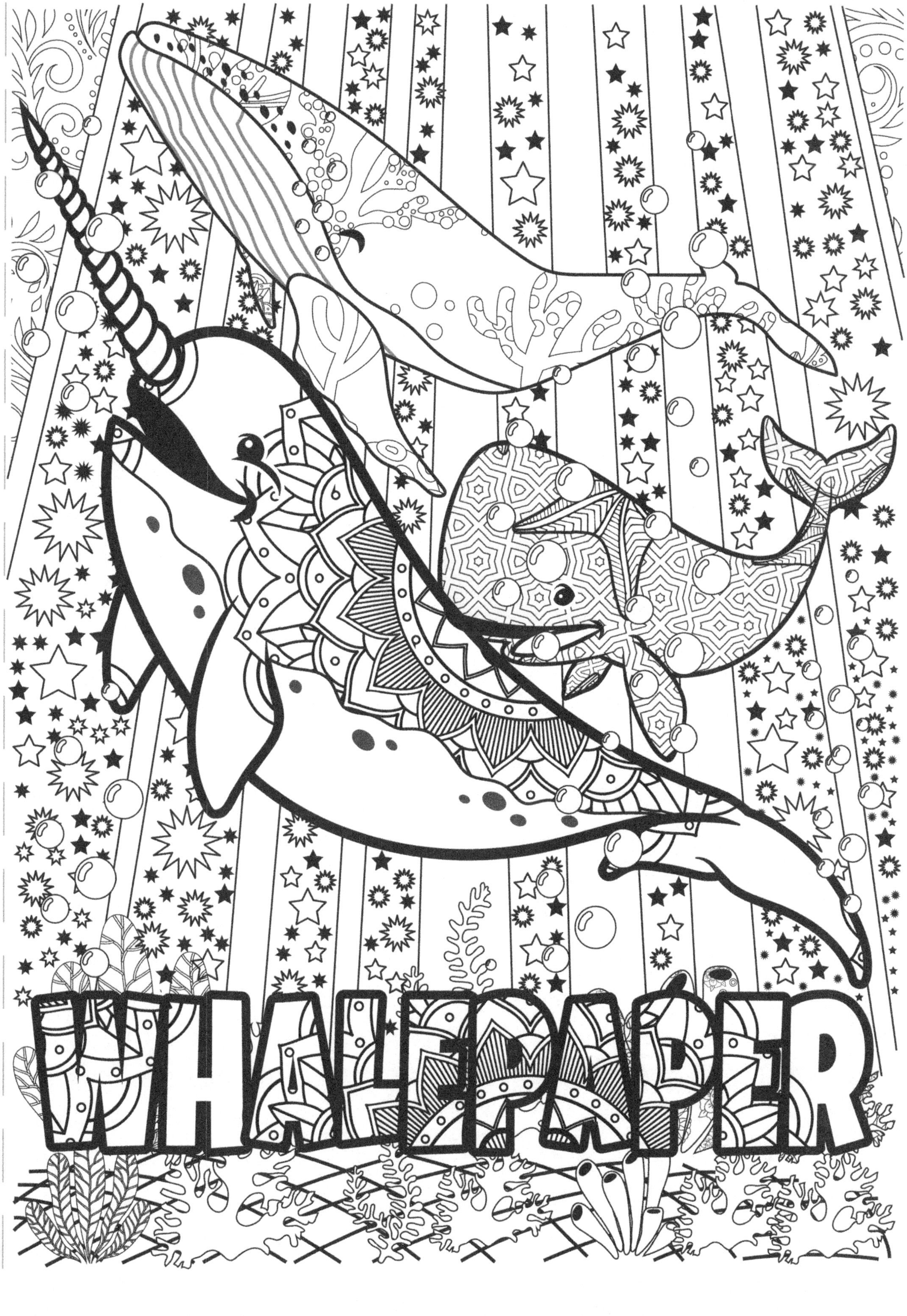
WHALEPAPER

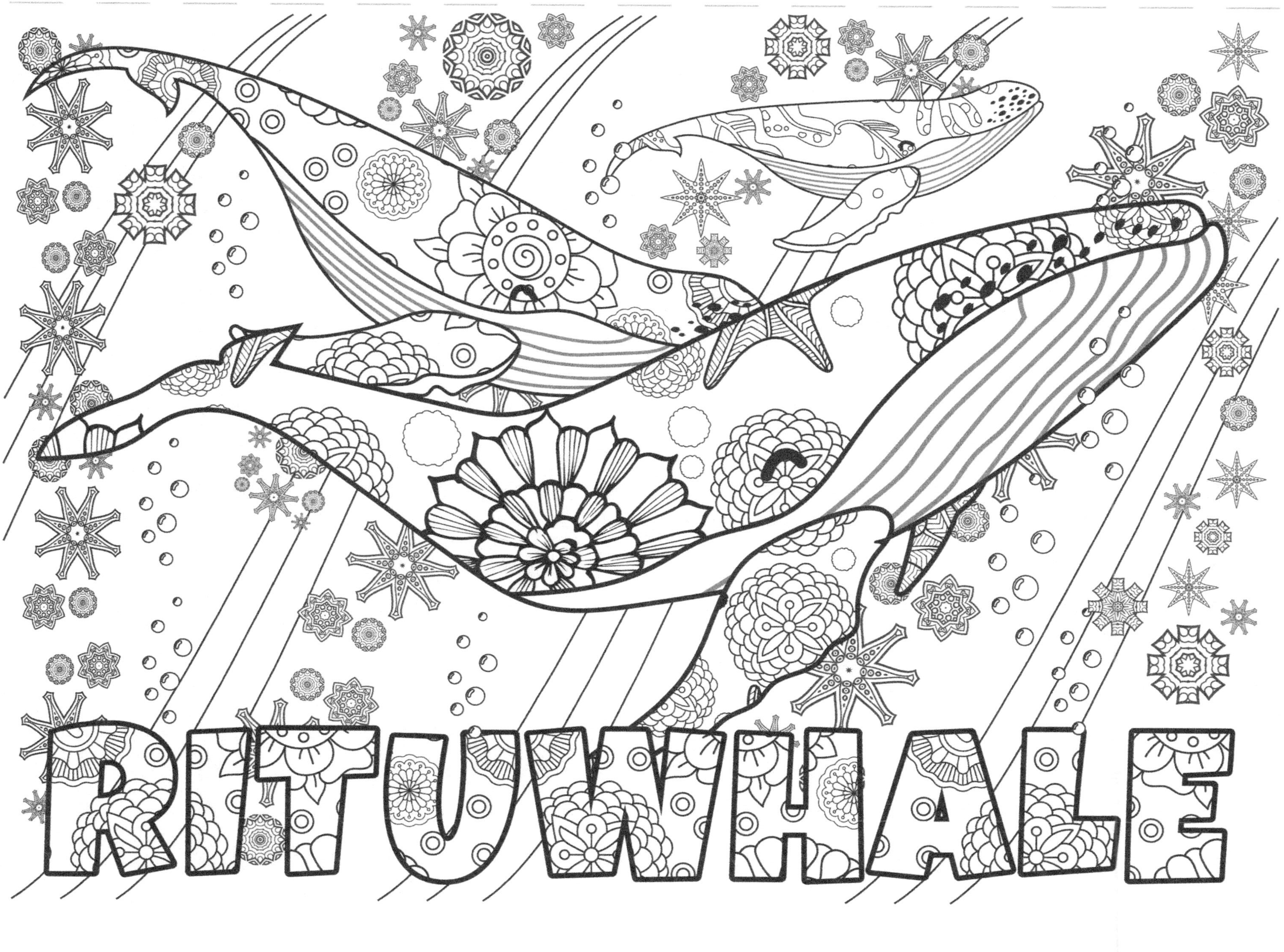
RITUWHALE

COME OVER
TO THE
WHALE SIDE

Whalemart

WHALE.I.AM

CUTE
AS
USWHALE

THE
WHALEKING
DEAD

ALWHALES
IN LOVE
WITH YOU

WHALE, AREN'T YOU
FINTASTIC?

VR
VIRTUWHALE
REALITY

TOWHALE

TWHALEVE
O'CLOCK

THAT'S A
BIT OF
CRUEWHALE

WHALESH
CORGI

WHALECOME
TO THE
PARTY!

WHALERUS

WE'VE RUN OUT OF

I WHALEY
LIKE YOU

I'M SO
ORCAWARD

WHALE PUNS?
YOU'RE
KILLIN' ME!

WHALE
DONE...
GRADUATE

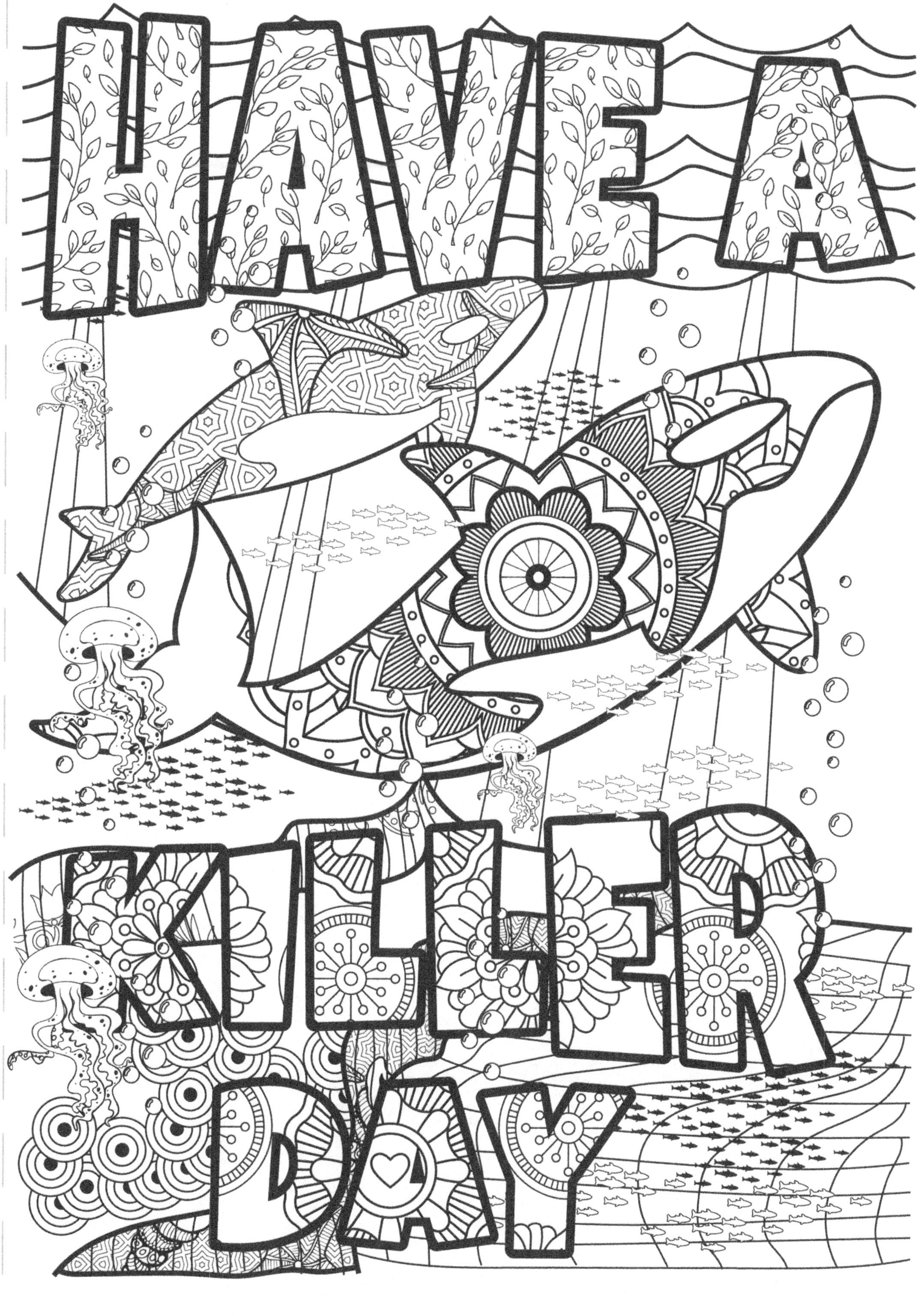
HAVE A
KILLER
DAY

JEWHALE

WHALECOME
TO
MY LIFE

SOMETIMES
LIFE
IS
OVER-
WHALEMING

ORCASTRA

DONT' CALL US
WHALE
CALL YOU

FINTASTIC

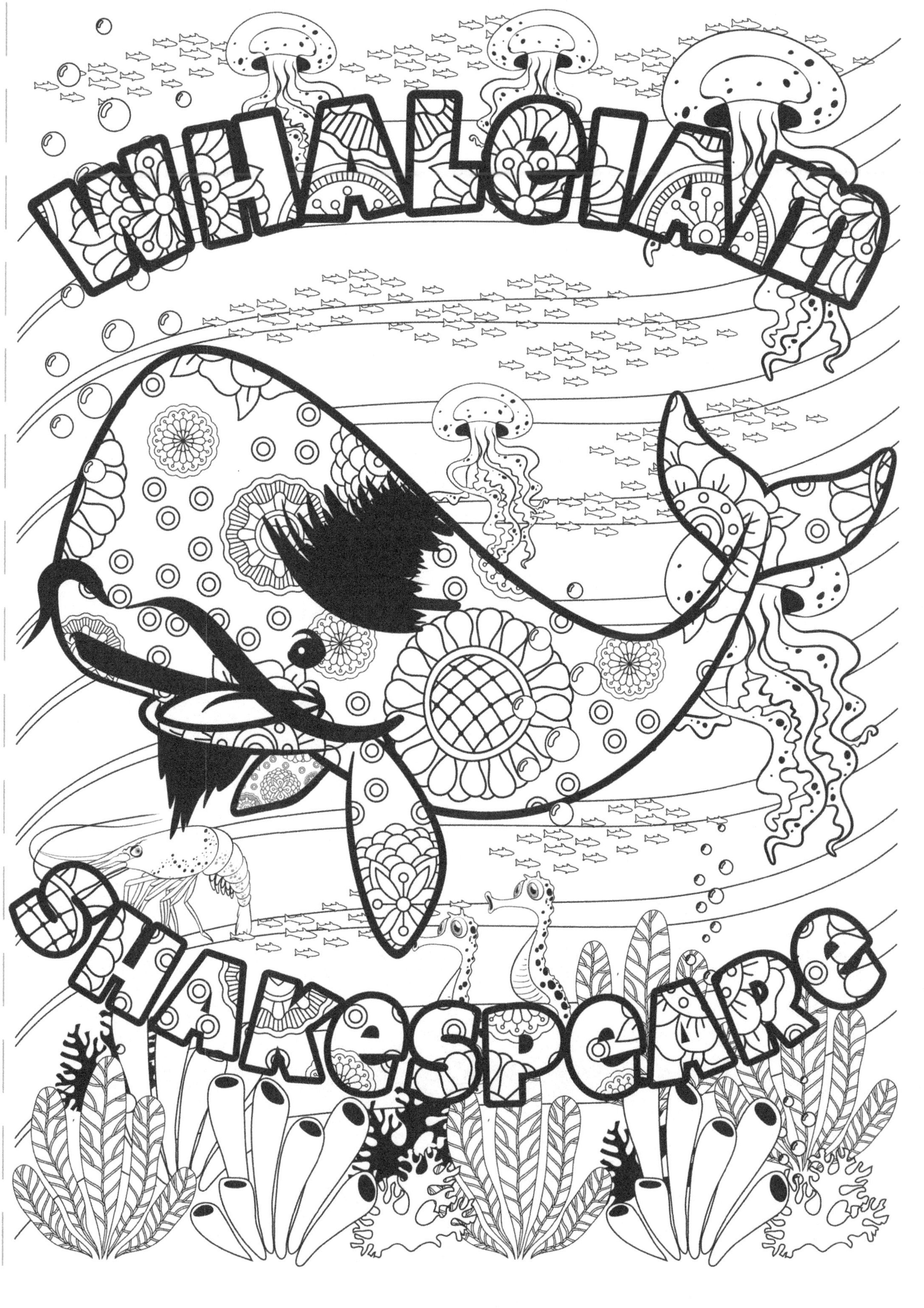
WHALEIAM
SHAKESPEARE

WHALE
SMITH

I HOPE YOU
&
YOUR FAMILY
ARE
WHALE

EQUAWHALE!TY

IT'S BEEN A
WHALE
SINCE
LAST
I SAW YOU

GET
WHALE
SOON

UNICORN
OF
THE SEA

EVERYTHING
WHALE
BE ALRIGHT

INTELLECTUWHALE

SPIRITUWHALEITY

Made in the USA
Monee, IL
29 September 2023

43654832R00059